LES EFFETS

DE L'AMOUR

DU BIEN PUBLIC,

DANS L'HOMME D'ÉTAT,

Confidérés dans la vie de SUGER, Abbé de S. Denis, Miniftre & Régent du Royaume, fous les regnes de LOUIS VI, & de LOUIS VII, dit le Jeune.

Repræfentans mihi quomodo valida Dei manus me pauperem de ftercore erexit & cum Principibus populi & regni federe fecit.

Teftament de SUGER.

Par l'Auteur de l'Eloge de Monfeigneur le DAUPHIN, ayant pour Epigraphe : .... *Nimium vobis Romana Propago, &c.*

A LYON;

Et fe trouve A PARIS,

Chez {
MOUTARD, Imprimeur de la REINE, rue des Mathurins, Hôtel de Cluny;
DE POILLY, Libraire, Quai de Gêvres, au Soleil d'or;

Et chez tous les Libraires qui vendent les Nouveautés.

M. DCC. LXXIX.

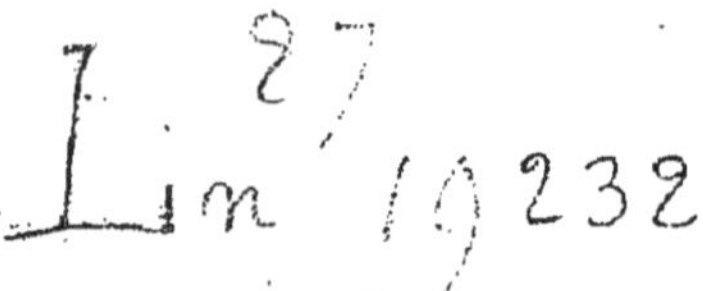

LES EFFETS

DE L'AMOUR

DU BIEN PUBLIC,

DANS L'HOMME D'ÉTAT,

Confidérés dans la vie de SUGER, Abbé de Saint Denis, Miniſtre & Régent du Royaume, ſous les regnes de LOUIS VI, & de LOUIS VII, dit le Jeune.

LORSQUE l'Europe gémiſſoit ſous l'anarchie féodale, que la force tenoit lieu de loix, qu'une ignorance profonde cachoit la vérité, un homme s'eſt élevé par le ſeul effort du génie juſqu'à la cauſe des malheurs de ſa patrie. Protégé

A ij

fucceffivement par deux Rois, juftes eftimateurs de fes talens & de fes vertus, il a franchi l'intervalle immenfe qui le féparoit des honneurs auxquels il eft parvenu (1) ; il s'eft affis parmi les Chefs de l'Etat, & devenu, par le vœu unanime de la Nation, l'unique dépofitaire de l'autorité royale, pendant l'abfence de Louis le Jeune, il a foutenu feul le fardeau de l'adminiftration publique.

Tel eft le fujet que la plus illuftre Académie du Royaume propofe à nos éloges.

Si nos efforts ne devoient avoir d'autre objet que de rendre à la mémoire de l'Abbé Suger un hommage mérité, il fuffiroit d'expofer fes actions. Son nom & l'hiftoire de fa vie le loueroient mieux que nos difcours. C'eft ainfi que, dans ce Temple augufte conftruit par fes foins, fon nom gravé fur une tombe modefte, rappelle plus efficacement les fervices qu'il a rendus à la Patrie, & publie plus éloquemment fa gloire que les épitaphes les plus faftueufes (2).

Mais une fociété de Sages ne s'eft pas déterminée dans fon choix, par le feul defir de procurer à la mémoire de l'Abbé Suger de vains honneurs confondus dans une gloire de près de fept fiecles. Elle exige que nous remonrions à la fource des maux qui accabloient la France, lorfque ce grand homme affermit l'autorité royale fur fes antiques fondemens, que nous faffions connoître les vices, les erreurs, les préjugés de ces temps malheureux, & que l'exemple du fiecle paffé inftruife la génération préfente.

Un Moine revêtu de tout l'éclat des dignités féculieres, réprimant, par la force, la tyrannie de ces defpotes qui portoient la défolation jufques fous les murs de la Capitale, commandant en chef les Armées, encourageant le foldat par fon exemple, réglant, par fes confeils, les opérations civiles & militaires, traçant enfin ce plan de conduite qui fuivi avec conftance par les defcendans de Hugues Capet, les a rétablis dans la plénitude de l'autorité monarchique (3); tel eft le fpectacle que l'Hiftoire nous préfente.

Dans ce contrafte fi oppofé à nos mœurs, une feule vertu doit fixer nos regards, celle qui caractérife l'homme d'Etat, qui guida fans ceffe la conduite de Suger, qui donna de l'énergie à fes talens : l'Amour du bien public.

Ce même amour infpira au fage Miniftre de Louis le Jeune, ces confeils de prudence par lefquels il réforma fon Monaftere, affura le repos de la France au fein des guerres fanglantes qui déchiroient alors l'Allemagne & l'Italie (4), appaifa les divifions inteftines, rétablit l'ordre dans les finances, malgré les dépenfes inféparables d'une guerre ruineufe, dirigea enfin toutes les parties de l'adminiftration, & mérita le titre de *Pere de la Patrie*, lorfqu'il remit à fon Roi les rênes du Gouvernement que les ordres du Monarque & le vœu de la Nation lui avoient confiées.

Quand le Sage portant fes vues fur les fiecles paffés, rapproche les peuples qui ont exifté, de ceux qui exiftent aujourd'hui, il apperçoit entr'eux ces liaifons, ces analogies qui lui découvrent la marche de l'efprit humain, les caufes du progrès & de la décadence des Empires. Ce que l'antiquité nous apprend des monftres vaincus par Hercule, par Théfée, par tant d'autres Héros immortalifés comme les bienfaicteurs de l'humanité, nous le retrouvons dans les temps malheureux que je décris; car la force feule peut réprimer la tyrannie & délivrer le peuple de l'oppreffion, lorfque les Loix font fans vigueur, que les principes qui affurent le bonheur des hommes font méconnus, & que l'autorité flottante & incertaine laiffe aux intérêts particuliers & aux paffions toute leur activité. Auffi les Poëtes que l'Italie produifit quelques fiecles après, lorf-que les arts chaffés pour la feconde fois de leur pays natal y furent rappellés, trouverent-ils dans cette époque & dans les temps voifins, des Héros femblables à ceux de l'antiquité, & jufqu'aux fables dont ils ornerent leurs Romans & leurs Poëmes.

Philippe Ier. avoit fcandalifé l'Europe par fes amours criminelles ; l'excommunication dont le Pape Urbain II & le Concile de Clermont l'avoient frappé, quelque contraire qu'elle fût, par fes effets, au droit des Souverains, l'avoit dégradé dans l'efprit des peuples (5). Endormi dans les bras de Bertrade, il ne tenoit que d'une main foible les rênes de l'Empire.

La licence régnoit jufques fous les murs de Paris. Quelle agriculture, quels arts, quel commerce pouvoient fubfifter au milieu des guerres que fe livroient fans ceffe, ou à leur Souverain, les Seigneurs de Mont-Lhéri, de Château-Fort, de la Ferté-Alais, de Corbeil, de Montmorency, du Puifet-en-Bauce, qui fembloient vouloir faire acheter, par l'impunité de leurs violences, au troiſieme deſcendant de Hugues Capet, le ſuffrage qui avoit porté le Comte de Paris ſur le trône de la France !

Je ne peux tracer un tableau plus fidele de ces excès & de l'oppreſſion des peuples, qu'en tranſcrivant les expreſſions énergiques d'une Requête que Suger nous a conſervée, adreſſée par la Comteſſe de Chartres à Louis V I aſſocié alors à l'Empire, du vivant de ſon pere (7) :

« Le Baron du Puiſet (diſoit la Comteſſe de » Chartres) s'eſt emparé d'une fortereſſe conſ- » truite par la Reine Conſtance [*], pour la » défenſe de la Province ; il en ſort avec une » troupe de brigands , opprime les Egliſes, » pille les pauvres, vexe avec impunité les » veuves & les orphelins, s'empare des ré- » coltes, réduit le peuple en ſervitude. La ter- » reur qu'il inſpire eſt telle qu'on n'oſe approcher, » de plus de quatre lieues , la fortereſſe qu'il » occupe ; nous ſommes forcés de lui abandon- » ner tout ce terrein, & les malheureux habitans » qu'il renferme. Daignez, Sire, protéger vos

---

[*] Seconde femme du Roi Robert, fils de Hugues Capet.

>> fujets opprimés ; vengez l'honneur des armes
>> de la France ; rappellez à votre mémoire la
>> révolte de l'aïeul du Baron du Puifet, qui ofa,
>> dans ce même Château, foutenir un Siege
>> contre votre pere, repouffer fon armée jufques
>> fous les murs d'Orléans, & réduire en cap-
>> tivité les Comtes de Nevers, de Baugency,
>> plufieurs Evêques, plus de cent Cheva-
>> liers (8) >>.

Louis VI avoit été élevé dans l'Abbaye de Saint Denis, au fein des divifions inteftines qui déchiroient ce Monaftere (9). Un tact fûr, la premiere qualité des Rois lorfqu'elle eft guidée par l'amour du bien public, lui avoit fait recon-noître dans le Moine Suger, cette éloquence naturelle qui fuppofe un efprit droit & de grandes lumieres, un amour de la Juftice à l'abri de la féduction, une douceur de caractere qui lui con-cilioit les efprits les plus échauffés, un courage que les obftacles ne pouvoient abattre, toute l'activité néceffaire pour faifir les occafions, & toute la patience dont l'homme d'Etat a befoin pour les attendre.

Déjà Suger appellé au Confeil, y avoit fait briller fa fageffe (10). Le Baron du Puifet, cité à la Cour du Roi, refufe de comparoître ; il eft jugé coupable de félonie, & la guerre se déclare (11).

Elle dura trois années; trois fois la forterefle du Puifet fut prife d'affaut; trois fois elle fe releve de fes ruines, & le Baron obtient fon pardon de la clémence de Louis. Le Comte de Chartres eft lui-même entraîné dans la révolte (12). Ici l'Hiftoire nous repréfente le Moine Suger fe faifant jour, par fon courage, à travers l'armée ennemie pour rentrer dans le Château de Toury confié à fa garde, commandant en chef au Siege du Puifet, inventant des machines meurtrieres pour l'accélérer (13), animant les Troupes du Roi par fon exemple, accourant au fecours des fiens accablés par le nombre, forçant enfin le Baron du Puifet, qui n'efpere plus de grace, à fe mêler parmi les Troupes qui partent pour la Paleftine, cherchant, fuivant l'opinion de ce fiecle, dans ces pieufes conquêtes, le pardon des crimes par lefquels il a fatigué trop long temps la Juftice divine.

Telle étoit la confufion produite par le gouvernement féodal. Des Moines, des Prêtres, des Evêques commandoient le carnage de la même bouche deftinée à prêcher l'Evangile d'un Dieu de paix.

Cet excès d'indépendance des Seigneurs &
les abus de la puiſſance eccléſiaſtique nous
ſurprennent aujourd'hui ; mais le Sage qui remonte à la cauſe des grands événemens, la
rencontre preſque toujours dans deux ſources
oppoſées en apparence, & néanmoins trop fré-
quemment réunies , la foibleſſe & l'ambition.

Quand les foibles deſcendans de Clovis aban-
donnerent aux Maires de leur Palais l'exer-
cice de toutes les fonctions de la royauté, de-
voient-ils eſpérer que ceux qui s'attiroient depuis
long temps la confiance des peuples ne ſe laſſe-
roient pas d'une autorité précaire ? Quand les
enfans de Louis le-Débonnaire qui avoit ſouf-
fert que la majeſté du Trône fût dégradée par
la pénitence ignominieuſe à laquelle quelques
Evêques l'avoient ſoumis, tolérerent que les
grands vaſſaux ſe perpétuaſſent dans la poſſeſ-
ſion de bénéfices que le Souverain leur avoit
donnés à vie, comme une récompenſe des fonctions publiques qu'ils exerçoient à ſa décharge (14), n'auroient-ils pas dû prévoir que les
Seigneurs de fiefs parvenus à convertir leurs
offices en propriétés, uſurperoient enfin les droits
les plus précieux de la couronne ? Quand Pepin,
Maire du Palais, pour voiler ſon uſurpation aux

yeux des peuples, la faifoit autorifer par le Pape
Zacharie, quand Charlemagne acceptoit la couronne impériale des mains de Léon III, ne
favorifoient-ils pas ouvertement les prétentions
encore récentes des Papes (15)? Ainfi le pouvoir des Clefs confié à l'Eglife, fervit de prétexte pour ufurper la puiffance temporelle, &
ces Princes aveuglés par leur ambition, ne virent
pas qu'en reconnoiffant dans les fucceffeurs de
Saint Pierre le droit de déférer des couronnes,
ils autorifoient ces Pontifes à les dépouiller des
leurs, s'ils manquoient de foumiffion à leurs
ordres. Tandis que le Pontife Romain ufurpoit
ce degré de puiffance, pouvoit-on efpérer que
fes collegues dans l'Epifcopat, poffeffeurs de
grands fiefs, appuyés de l'exemple des Seigneurs
laïques, ne tenteroient pas de fe rendre indépen-
dans?

Le moyen le plus propre pour réprimer ces
ufurpations, étoit de former, dans le fein
même des Seigneuries particulieres, une claffe
d'hommes libres, qui, placés immédiatement
fous la main du Roi, euffent affez de force
pour contrebalancer le defpotifme. C'eft ce que
Louis VI, foutenu des confeils de Suger, (car
la gloire des Rois rejaillit fur les Miniftres dé-

pofitaires de leur confiance) commença dans fes domaines, par la liberté qu'il accorda à fes ferfs , pour des redevances auxquelles il les affujettit. Cet exemple fut fuivi par les Seigneurs laïques attirés par l'appât de ces redevances ; ainfi les droits feigneuriaux furent fubftitués à la fervitude ; & le Roi ufant du droit effentiel de fa couronne, prit ces nouveaux affranchis fous fa protection, en leur accordant *d s l ttres de fauve garde*, connues fous les deux premieres races de nos Rois ; mais devenues inutiles depuis l'ufurpation des Seigneurs & l'afferviffement univerfel du Peuple (16).

Bientôt fe formerent des Communes affez puiffantes pour réfifter à la tyrannie. Ainfi fe préparoient par degrés ces affemblées vraiment nationales, connues fous le nom *d'Etats-Généraux*, deftinées à porter aux pieds du trône les vœux de la Nation, à éclairer le Monarque fur les abus que les intérêts particuliers lui cachent trop fouvent ; heureufe la France, fi ces affemblées euffent pu fe défendre de l'intrigue, du tumulte & des factions inféparables des affemblées nombreufes (17) !

La découverte récente de la compilation de Juftinien fixoit l'attention du public ; l'admi-

niftration de la Juftice prit une nouvelle forme.
Ce changement fut dû à la diminution de la
puiffance des Seigneurs , & à la liberté dont
Suger fit luire le flambeau. Peu-à-peu tomba
en défuétude cette Jurifprudence barbare qui
ne connoiffoit d'autres regles que le hafard des
combats , ou les épreuves ; comme fi Dieu avoit
promis aux hommes une fuite perpétuelle de
miracles , lorfqu'ils fermeroient volontairement
les yeux à la lumiere de la raifon (18).

Tel fut le plan que Louis VI traça à fes
Succeffeurs , que le plus Saint de nos Rois
perfectionna dans ces fages établiffemens qui
font encore la bafe de notre Jurifprudence &
de l'ordre hiérarchique des Tribunaux. Le
zele ardent qu'infpira à Suger la vue des défordres de fa patrie , la confiance que le
Monarque accorda à ce fage Miniftre , pro-
duifirent ces heureux effets. Auffi avoit-il
gravé profondément dans le cœur de Louis VI
cette belle maxime que ce Prince mourant
répétoit à fon Succeffeur. [*] : « Souvenez-
» vous, mon fils, que la Royauté n'eft qu'une
» charge publique dont vous rendrez un compte

---

[*] Hiftoire de l'Abbé Vely , regne de Louis V I.

» rigoureux à celui qui dispose des sceptres
» & des couronnes ».

O Henri ! car ton nom a droit d'entrer dans l'éloge de tous ceux qui ont mérité de la patrie, comme celui d'Alexandre dans l'éloge des conquérans, regarde du haut de l'empirée ces augustes Epoux si chers à la France. L'un est ton fils, l'autre est la fille de cette Reine dont les sujets s'écrioient dans le transport d'un juste amour : *Mourons pour notre Roi Marie-Thérese.* Hélas ! ce vœu terrible fut alors prononcé contre la France. Aujourd'hui les Maisons de France & d'Autriche confondent leurs rameaux, & les flambeaux d'hymen ont été allumés sur les ruines de ces haines qui les avoient si long temps divisées. Répete, ô Henri ! à notre auguste Monarque ces belles paroles qui étoient si fortement empreintes dans ton ame [*] : *A Dieu ne plaise, ô mon fils, que vous vous serviez jamais de cette autorité qui se détruit d'elle-même & à laquelle les peuples donnent un mauvais nom !* Mais conservez cette autorité sainte qui fait le bonheur de vos Sujets. C'est pour la

---

[*] Célebres paroles de Henry IV ; le reste est le sens de la réponse de ce Prince qu'on lit dans le Journal de sa vie, premiere partie, page 443 & suivantes.

rétablir dans toute fa pureté , que vos ancêtres ont travaillé pendant fix cens ans ; c'eft
la dégradation qu'elle avoit éprouvée, qui enleva la couronne à la race de Charlemagne ;
c'eft fon affoibliffement qui m'obligea moi-même
de conquérir le trône auquel j'étois appellé par
ma naiffance. Souvenez - vous , ô mon fils ,
que le bonheur de vos Sujets eft le plus ferme
appui de votre puiffance , & que les malheurs
publics infpirent aux peuples une impatience
dangereufe. Etouffez jufques dans fa racine ,
tout efprit de parti capable de diftraire la Nation la plus fidelle de l'amour qu'elle porte à
fes Rois, que reunie fous un chef unique, elle
marche comme un feul homme contre les ennemis de l'Etat , & qu'elle faffe elle-même fon
bonheur , par fon attachement à un Roi jufte
& bienfaifant !

Confacré à la vie monaftique , dès l'âge de
dix ans , fuivant l'ufage de ce fiecle , par des
parens obfcurs dont l'hiftoire ne nous a confervé ni les noms ni la patrie (19) ; porté enfuite
d'un vol rapide à la premiere dignité de fon
ordre, tandis qu'il tenoit au fiecle , par la con

fiance

fiance du Souverain, & par les fonctions publiques qu'il exerçoit, Suger étoit loin de cette
fainteté qu'exige l'état religieux (20). Le luxe
qui régnoit dans les grands Monafteres fem-
bloit excufer la pompe mondaine qui lui fut fi
fouvent reprochée. Mais l'homme d'Etat ne
peut confidérer avec indifférence le relâchement de corps nombreux affujettis par des vœux
à une régularité auftere, dont les défordres
influent fur les mœurs de la Nation, à raifon
du refpect qu'on porte à leur inftitut; & cependant plufieurs années s'écoulerent avant que
Suger entreprît la réforme de fon Monaftere.

Que l'exemple de la vertu fur le Trône eft
puiffant! que les fruits qu'il produit font abon-
dans! Charles-le-Bon, Comte de Flandre, connoiffant le mérite de Suger, avoit lié avec lui
l'amitié la plus intime. Charles vivoit en Religieux au milieu des armées, & le Moine Suger
avoit perdu entiérement l'efprit de fon état.

« Je veux le bien (fe difoit-il à lui-même);
» mais comment puis-je efpérer d'y parvenir,
» lorfque j'autorife, par mon exemple, les fautes
» que je fuis chargé de punir. Rendons au fiecle
» des Moines dont la conduite eft toute fécu-
» liere, ou rappellons-les à leur vocation ».

B

Ces triftes réflexions l'occupoient lorfque Charles, affaffiné au fein de fes Etats, par des fujets rebelles dont il avoit été forcé de réprimer les injuftices , fouffrit la mort avec cette conftance, cette foumiffion à l'ordre de la Providence, que le calme d'une bonne confcience peut feul donner. Louis devoit à fon vaffal de punir les parricides. Suger l'accompagne dans cette guerre, & il revient dans la ferme réfolution d'employer la force de l'exemple, bien plus que l'autorité des Loix, pour réformer l'Abbaye de Saint Denis.

Quand je parle de réforme, je n'entends pas l'auftérité de la vie afcétique. Jamais Suger ne tendit à cette haute perfection qui égare fi fouvent ceux qui s'y engagent témérairement; mais il rétablit à Saint Denis l'ordre, la décence, l'amour des études utiles. C'eft à fes foins que nous devons ces chroniques, précieufes fources de notre hiftoire dans ces fiecles d'ignorance & de barbarie (21).

On le voit dans le même temps juger, au nom du Roi, les appels des fentences des Baillifs ou Commiffaires chargés dans les Provinces de protéger le peuple contre l'ufurpation des Seigneurs de fiefs, renvoyant les caufes

majeures à ces Cours plénieres que nos Rois
tenoient eux-mêmes plusieurs fois l'année, à
la tête de leurs premiers vassaux (21 *bis*). On
le voit employé à des négociations importantes
avec les Puissances étrangeres, assistant aux con-
seils du Monarque, & déterminant, par ses
avis, la guerre ou la paix. Mais ces affaires ne
se traitoient plus, comme autrefois, dans l'enceinte du Monastere; l'humble Moine gémissoit
en secret d'occupations éclatantes aux yeux du
monde; mais qui le détournoient des devoirs de
son état : heureux s'il eut pu se défendre du désir
d'accroître les richesses de son Monastere! N'eût-
il pas dû se rappeller que, depuis sa fondation
par la piété de Dagobert, ni l'autorité de nos
Rois, ni celle de plusieurs Conciles n'avoient
eu tant de force pour rétablir la regularité à Saint
Denis, que l'utile leçon des calamités occasion-
nées par les ravages des Normands?

A Dieu ne plaise que j'excuse dans Suger ce
qui fut l'effet de l'ambition monacale ou des
préjugés de son siecle.

Les Religieuses d'Argenteuil furent condam-
nées au Concile de Paris, sans avoir été en-
tendues, la Sentence fut confirmée par le Pape,
sans qu'elles eussent eu la liberté de se défendre;

leurs biens furent réunis à l'Abbaye de Saint Denis, le Roi ufa de fon autorité, à la follicitation de Suger, pour les expulfer, & la trifte Eloïfe ne trouva d'afyle que dans la retraite que fon époux s'étoit préparée au Paraclet (22).

Cet homme plus célebre encore par la fenfibilité de fon ame & par fes malheurs que par fes talens & par l'étendue de fes connoiffances, la lumiere de fon fiecle, fi les chaînes de la Philofophie fcholaftique, feule cultivée alors, n'euffent arrêté en lui l'effor du génie, fi les fubtilités d'une fauffe dialectique ne l'euffent quelquefois égaré, cet homme toujours perfécuté, moins pour fes erreurs, que par la jaloufie de ceux qu'il éclipfoit par fes talens, Abeilard, forti, par l'autorité du légat, du Monaftere de Saint Médard de Soiffons où le Concile de Rheims l'avoit renfermé, avoit ofé détromper les Moines de Saint Denis de la chimérique antiquité qu'ils donnoient à leur Monaftere. Il avoit prouvé, dans S. Denis même, que l'Apôtre de la France, le premier Evêque de Paris, n'étoit pas le difciple de Saint Paul. Ce crime prétendu avoit été déféré au Roi par l'Abbé Adam prédeceffeur de Suger, comme une infulte faite à la Nation. Suger avoit l'ame trop élevée pour être fufceptible de ces

chaines monacales , de ces petites diffentions de
famille dont les effets font fouvent fi cruels , &
cependant il n'ofe accorder à Abeilard la liberté
de continuer , hors du Monaftere de Saint Denis,
les leçons publiques qu'il donnoit depuis trente
ans, avec des fuccès prodigieux, jufqu'à ce qu'il y
foit contraint par les ordres du Roi (23). O fatal
efprit de Corps , auffi dangereux quand il con-
duit à un faux point d'honneur , qu'il eft utile
lorfqu'il a pour objet l'intérêt public! Cruel aveu-
glement du fanatifme, à quels excès ne portes-tu
pas ceux qu'un faux zele a féduits !

Suger fe borna , il eft vrai, à renfermer l'héréfiarque, ou plutôt l'infenfé *Eon*, chef d'une fecte
ridicule ; mais il avoit alors toute l'autorité dans
le Royaume pendant l'abfence de Louis-le-Jeune,
pourquoi fouffrit-il que trois des difciples de cet
héréfiarque, auffi infenfés que leur maître , fuffent
brûlés dans la place de Rheims ?

Ainfi fe préparoient ces fureurs, auffi contraires
à la Religion qu'à la raifon, qui coûterent tant de
fang à la France dans les fiecles poftérieurs ; ainfi
s'élevoit par degrés ce Tribunal de fang fi terrible chez nos voifins , dont la fageffe de nos loix ,
l'attachement aux vrais principes de la diftinction
des deux puiffances, l'autorité de nos Monarques,

& la fermeté de nos Magiftrats ne nous ont pré-
fervé qu'après de funeftes épreuves. Vous en fû-
tes témoins, plaines de Merindol & de Cabrieres
arrofées du fang de ceux mêmes qui vous avoient
fertilifées ! mais effaçons , s'il fe peut , de la mémoire des hommes cette horrible portion de notre
hiftoire (24).

On doit au moins cette juftice à l'Abbé Suger,
qu'inviolablement attaché à nos faintes maximes,
il réfifta fans relâche aux entreprifes de la Cour
de Rome. C'eft ainfi que , dans l'affaire de Guil-
laume Poirée, Evêque de Poitiers , il s'oppofa,
avec une fage fermeté, à la prétention du Pape &
des Cardinaux qui vouloient fe conftituer feuls
Juges des queftions de foi.

Ce fut par les confeils de Suger qu'au fein des
querelles fanglantes qu'excitoit la fameufe queftion des inveftitures , femblable à une ifle d'une
vafte étendue qui ne fe reffent du tumulte de
l'Océan & des horribles combats des vents irri-
tés que par les fecouffes qu'éprouve le fable de
fes rives & l'agitation de fes forêts, la France ne
connut les troubles de l'Allemagne & de l'Italie,
que par les Conciles qui s'y tinrent , & l'afyle
qu'elle accorda quelquefois aux fouverains Pontifes (25).

« L'Empereur eſt votre ennemi, (diſoit Suger à Louis VI, pour l'engager à s'oppoſer à l'excommunication de l'empereur Henri V dans un Concile de Rheims) [*]; « mais ſes droits ſont les » vôtres ; ſi le Pape y donne atteinte, votre cou- » ronne n'eſt pas en ſûreté ». Louis n'écouta que ſa haine ; & le Royaume menacé d'une guerre cruelle, n'en fut préſervé que par le zele de ſa nobleſſe qui, oubliant ſes diviſions inteſtines, ne s'occupa que du ſalut de la patrie. « On n'avoit point » vu, dit un de nos Hiſtoriens [**], d'exemple » d'une telle union depuis Charlemagne (26) ».

Quand on recherche la cauſe de ces épidémies qui ſe ſaiſiſſent quelquefois de Nations entieres, on la trouve preſque toujours dans les intérêts particuliers, dans le zele ou les paſſions d'hommes aſſez puiſſans pour entraîner la multitude.

Tel, dans la premiere Croiſade, fut ce Pierre l'Hermite, qui commandoit les armées ſous l'habit d'un pénitent, nuds pieds, nud tête, un Crucifix à la main. Un tel homme ne pouvoit manquer d'être ſuivi d'une nuée d'Européens. Les

---

[*] Tenu en 1114, par Paſcal II.
[**] Le P. Daniel, Vie de Louis-le-Gros.

famines, les maladies, les trahifons en emporte-rent plus que les combats, & toutefois les Croi-fés conquirent Jérufalem, & fonderent des empi-res dans l'Afie. Tel s'éleva, fous le regne de Louis le-Jeune, un homme d'une auftérité plus grande encore, d'un génie plus élevé, d'une politique plus profonde, le fondateur de cent foixante Mo-nafteres, dans l'efpace de quarante ans, enrichis par les dons immenfes que fon zele leur pro-cura.

Bernard, d'une naiffance illuftre, avoit quitté le monde pour fe retirer dans les déferts de Cifteaux, fous la conduite de Saint Robert ; mais les talens du difciple éclipferent bientôt ceux du maître. Les peuples s'empreffent autour de lui comme vers un homme infpiré ; le Monaftere de Clair-vaux, à la tête duquel il eft placé, devient une pépiniere d'hommes célebres deftinés aux pre-mieres dignités de l'Eglife. Ils n'admirent pas feulement l'aufterité de fa vie, ils font comme entraînés par cette éloquence perfuafive qu'il a puifée dans les lettres humaines, & nourrie de l'étude des livres faints & des ouvrages des Peres de l'Eglife fur les traces defquels il marche. La Cour de Rome ne négligea pas un inftrument fi utile à fes deffeins. Affuré de la protection du

Saint-Siege , Bernard parle aux Souverains en Apôtre. Le refpeɛt qu'on porte à fes décifions le rend le mobile de tous les événemens, l'arbitre des différends qui s'élevent entre les puiffances , & du deftin de l'Europe (27).

La ville de Vitri prife d'affaut avoit été livrée au pillage dans une de ces guerres qui s'élevoient fi fouvent entre nos Rois & leurs fujets ; trois mille cinq cens perfonnes réfugiées dans une Eglife, avoient été la proie des flammes , viɛtimes de la vengeance que Louis VII exerçoit fur le Comte de Champagne (28). Cet événement ne pouvoit manquer d'intéreffer le zele de Saint Bernard. Imitateur de Saint Ambroife, il écrit au Roi avec ce ton d'autorité que fes vertus, fa réputation, & la circonftance autorifoient : « Je vous exhorte » avec le zele d'un fidele & affeɛtionné fervi- » teur, de faire ceffer votre malice, & de pré- » venir, à l'exemple du Roi de Ninive, par la » pénitence & l'humilité, le bras de Dieu déjà » levé pour vous punir ». Le preftige de la paf- fion étoit diffipé: la lettre du Saint fut regardée comme un décret du Ciel : Bernard reçoit des ordres formels d'abandonner fa folitude, pour fe rendre à la Cour, il obéit. Tel autrefois le Prophete Nathan vint reprocher à David les crimes auxquels fa paffion pour Bethfabée l'avoit engagé ; mais l'œuvre expiatoire que Bernard propofe au Roi, eft de quitter fes Etats pour entreprendre en perfonne la feconde Croifade (29.)

Rendons ici à Suger la juftice qui lui eft due. Ni les préjugés de fon fiecle, ni ceux de l'état monaftique, ni le defir d'augmenter les richeffes de l'Abbaye de Saint Denis de la dépouille des Croifés, qui aliénoient leurs biens à bas prix pour fournir aux dépenfes de conquêtes lointaines, qui les donnoient fouvent en au- mônes aux Monafteres pour obtenir, par les prieres des amis du Très-Haut, le pardon de leurs crimes, ni l'autorité de Saint Bernard fi puiffante alors, ni celle même du Saint-Siege, ne l'emporterent dans l'efprit du fage Miniftre de Louis-le-Jeune fur l'intérêt de l'Etat.

De quel droit, difoit-il à l'Abbé de Clairvaux, prétendez-vous étendre avec le fer le regne de l'Evangile? Eclairons l'univers par notre doctrine, édifions-le par nos vertus, & laiffons l'Eternel difpofer des empires. Le projet de punir les Infi- deles des cruautés qu'ils exercent fur les Chré- tiens, & d'affurer le paffage à de pieux voya- geurs qui cherchent à ranimer leur foi par la vue des lieux témoins de tant de miracles, eſt digne, il eſt vrai, de la charité & du zele des Princes Chrétiens ; mais jetez les yeux ſur les déſordres que commit, du temps de Philippe Premier, cette nuée d'Européens indiſciplinés qui dévaſta l'Aſie & ſouleva les Grecs eux-mêmes. Penſez-vous que l'Empereur Grec voie, ſans inquiétude, ce torrent tomber une ſeconde fois ſur ſes terres ? Vous ſerez peut-être forcés de déclarer la guerre aux Chrétiens, avant de la faire aux Infideles (30), & ſi la juſtice l'emporte ſur la politique, craignez la perfidie d'un peuple inconſtant & léger qui tremblera pour ſes propres foyers, auquel vous êtes néceſſités de vous confier. Les Souverains accablés par la puiſſance que les Seigneurs de Fiefs ont uſurpée, doivent les rappeller à l'obéiſſance, non les détruire. Eſt-il prudent d'engager le Roi à quitter ſon royaume dans des circonſtances ſi critiques ? Bientôt les factions mal éteintes ſe rallumeront, l'eſprit de diſcorde & d'indépendance prendra des forces, & néceſſitera peut-être des guerres meurtrieres dans le ſein de la patrie.

Ces raiſons euſſent prévalu dans d'autres temps. Elles étoient conformes aux maximes de l'Evangile & à celles d'une ſaine politique ;

mais un zele trop ardent fe porte avec rapidité vers l'objet qu'il envifage, fans en faifir tous les rapports. Louis n'admettoit alors d'autres confeils que ceux de l'Abbé de Clairvaux. Bernard, avec une ame forte & une imagination exaltée par un vif amour de la Réligion, n'étoit occupé que de la néceffité de protéger le Chriftianifme. Sa piété étoit trop pure fans doute pour nous permettre de foupçonner que l'intérêt de la Réligion fervît de voile, dans ce Pere de l'Eglife, à la cupidité monaftique. Ces obftacles n'arrêterent pas l'Abbé Suger. Il écrit au Pape ; & emploie les plus vives inftances pour engager ce Pontife à détourner le Roi de l'abfurde deffein qu'on lui infpire ; mais le Difciple de Saint Bernard, Eugene III, étoit le promoteur de la Croifade, & ne s'occupoit que des moyens qu'il croyoit les plus capables de procurer le fuccès & d'augmenter la gloire de cette entreprife : « Le
» deffein du Roi m'inquiete & m'alarme, (dit-
» il dans fa lettre à l'Abbé Suger), cepen-
» dant ce Prince m'a témoigné tant de zele,
» & un fi faint empreffement de voler au
» fecours des Chrétiens de la Terre - Sainte
» qui font dans la derniere défolation, que
» j'ai penfé que Dieu lui avoit infpiré ce def-

» fein, & que j'ai envoyé mes Bulles à cet effet ».

Ces Bulles nommoient Bernard Vicaire du Saint-Siege. Eugene III vouloit qu'il fe mît à la tête des Croifés ; mais l'Abbé de Clairvaux étoit trop fupérieur à Pierre l'Hermite, pour fe borner au rôle de fon imitateur. Une affemblée générale eft convoquée à Vezelay. Ni la vafte Eglife de ce lieu, ni aucun édifice ne peuvent fuffire à l'affluence de ceux qui s'empreffent pour entendre l'Apôtre de la Croifade. On éleve une chaire de charpente fur le déclin d'une colline voifine. C'eft de ce théâtre que Bernard en déploie cette éloquence alors fi efficace. Le Roi l'interrompt pour fe précipiter vers la Croix ; la Reine, toute la Cour fuivent fon exemple, les femmes fecondent l'enthoufiafme par leur empire ; un grand nombre fe croifent, toutes impriment la tache du déshonneur aux hommes qui préferent leur repos aux conquêtes & à la gloire qui les attendent (31). L'Empereur fuit l'exemple de Louis. La fureur de fe croifer fe communique à l'Angleterre, à l'Italie, à la Sicile ; & pour la feconde fois, *l'Europe*, fuivant l'énergique expreffion de la Princeffe Anne de Comnene, *fembla s'arracher de fes fondemens, pour tomber fur l'Afie.*

Ce fut encore Bernard qui détermina , dans l'affemblée d'Étampes , le choix de celui à qui la Régence du Royaume feroit confiée pendant l'abfence du Roi. Malgré la réfiftance que Suger avoit apportée à fes projets, le bien public l'emporta cette fois. Bernard réunit les fuffrages en faveur du feul homme qui fût alors capable de gouverner la France. Suger eût voulu détourner ce fardeau ; mais les ordres du Roi, ceux du fouverain Pontife , le vœu & le befoin de la Nation euffent rendu fa réfiftance criminelle (32) ; & toutefois ce choix ne tarda pas à devenir une fource de trouble & de factions, lorfque l'enthoufiafme qui l'avoit adopté fut diffipé. Les Seigneurs des fiefs , connoiffant leurs forces , n'en crurent pas affez dans le Régent , pour s'oppofer à leurs entreprifes ; les biens de l'Eglife furent dévaftés, les foibles opprimés. Le Duc de Normandie reçoit ordre de fournir les troupes qu'il doit comme vaffal de la Couronne ; il refufe & eft contraint d'obéir ; Renauld de Coucy s'empare de la citadelle de Bourges ; il eft foutenu dans cette violence par le Comte de Vermandois lui-même ; je dirai tout en un mot : Suger fit refpecter l'autorité dont il étoit dépofitaire.

L'évènement de la Croisade fut tel qu'on dévoit l'attendre. Malgré les exploits de l'Armée Françoise au paſſage de Méandre célébrés par les médailles du temps, malgré la gloire plus ſolide que Louis acquit en réſiſtant ſeul, comme un autre *Coclès*, aux Saraſins qui l'avoient enveloppé, ni les Chrétiens d'Aſie, ni ceux d'Europe ne tirerent aucun fruit d'une guerre entrepriſe ſur des promeſſes ſi magnifiques (33).

Quel dévoit être, dans ces circonſtances, l'état des finances du Royaume! Eugene III avoit eu recours aux foudres de l'Egliſe pour contraindre les Monaſteres, à qui la Croiſade étoit ſi utile, de contribuer aux dépenſes qu'elle occaſionnoit ; mais ces reſſources avoient été bientôt épuiſées. La ſainte entrepriſe de la Croiſade autoriſoit, ſelon les maximes du gouvernement féodal, à taxer les ſujets du domaine du Roi ; mais l'épuiſement des peuples permettoit peu de faire uſage de ce moyen, & ne laiſſoit preſque aucune eſpérance de ſuccès. Suger trouva, dans les contributions volontaires des Evêchés & des Abbayes, dans l'affranchiſſement des ſerfs, ſur-tout dans une ſage adminiſtration des produits du domaine, tout l'argent qu'il envoya au Roi, & tout celui dont il eut befoin , pour rendre le Royaume plus floriffant qu'il n'avoit été depuis Charlemagne. La Juftice fut adminiftrée avec promptitude & intégrité (34).

O vous qui ofates prêter à Suger des vues ambitieufes & criminélles , confultez les nations rivales de la France. *Joffelin* , Evêque de Salisbury veut être témoin des merveilles que la renommée publie de l'adminiftration de Suger ; le Roi d'Angleterre ne veut que Suger pour arbitre des différends qu'il a avec la France ; le Roi d'Ecoffe réclame , par des Ambaffadeurs , l'amitié de Suger ; mais ce n'eft pas de ces témoignages étrangers qu'il [tire fa gloire. Il rend la Nation entiere juge de fa conduite , dans une affemblée convoquée à Paris. Les preuves éclatantes de fatisfaction qu'il en reçoit fervent de prétexte à de nouvelles calomnies. Cette approbation fi authentique eft préfentée comme l'effet des intrigues du Régent ; Bernard lui-même eft ébranlé ; Suger ne le fut pas. Tel qu'un habile Pilote gouverne avec fageffe le vaiffeau qui lui eft confié , & n'eft troublé ni par la violence de la tempête , ni par les cris des matelots & des paffagers ; en ce moment même , il fe fert de toute fon autorité , pour arrêter les effets du zele indifcret du Comte de Champagne (35).

Un

Un piege plus adroit lui étoit tendu. Le Comte de Dreux , de retour de la Croifade avant le Roi fon frere , effaie par fes lettres , de rendre fufpecte à Louis la fidélité de fon Miniftre. Celui qui appaifoit les troubles , en eft préfenté comme l'auteur ; mais la France dépofoit en fa faveur. L'ordre qu'il avoit établi , les frontieres garanties , les châteaux fortifiés , les Maifons royales réparées , la paix qui régnoit de toutes parts , l'abondance compagne d'une fage adminiftration , lui mériterent la jufte récompenfe de fon zele & de fa fageffe , le titre de *Pere de la patrie.*

Que ne vécut-il affez de temps , pour s'oppofer efficacement au divorce de Louis avec Eléonore d'Aquitaine , fi funefte à la France ! Campagnes de Créci , de Poitiers , d'Azincour , devenues , fous les regnes fuivans , le tombeau de la Nobleffe Françoife , vous dûtes à ce divorce votre trifte célébrité (36)!

Parvenu au faîte des honneurs & de la gloire , il reftoit à Suger de terminer fa vie , comme un autre *Décius* , par un dévouement héroïque. Ce fut le projet qu'il forma , lorfqu'il apprit le vœu téméraire d'une nouvelle Croifade que Louis VII avoit fait avant fon départ de la Paleftine.

C

Suger prévoit les malheurs qu'entraîneroit un second éloignement du Roi , après une abſence de deux ans & demi; il ſollicite , & obtient du ſouverain Pontife d'accomplir lui-même , à la décharge de ſon maître , un engagement trop contraire aux intérêts de l'Etat ; & ce vieillard preſque ſeptuagenaire , après avoir réprimé par ſon courage les violences exercées par des ſujets rebelles , & conſolidé par ſa prudence le repos de la France, ſe diſpoſoit à conduire en Paleſtine une troupe d'élite , lévée à ſes frais , plus capable de porter d'utiles ſecours aux Chrétiens , que ces nuées de guerriers indiſciplinés qui affamoient l'Aſie , en dévaſtant tous les lieux de leur paſſage (37). Mais Dieu , dont les conſeils ſe jouent des vains projets des hommes, ne permit pas que ce deſſein eût ſon exécuion. La mort qui enleva Suger à la France, ne lui laiſſa que le ſouvenir de ce qu'il avoit fait pour elle , & un exemple éternellement mémorable de ce que peut , dans l'homme d'Etat, l'amour du bien public.

O mes Concitoyens , faiſons tous enſemble le vœu ſolemnel de conſacrer notre exiſtence à la Patrie ! Ainſi , concentrant les intérêts particuliers dans l'intérêt général , le flatteur inſidieux qui s'efforce de faire illusion à la bonté du Souverain , le calomniateur impie , trouveront la peine de leurs crimes dans leur solitude même, & la société acquérant une force proportionnelle au nombre & à la puissance des membres qui la composent , chacun de nous retirera avec usure le prix des sacrifices qu'il aura faits à l'avantage commun.

$$F \ I \ N.$$

NOTES

DE L'ÉLOGE

DE SUGER.

(1) Suger naquit en 1081 : on ignore le lieu de fa naiſſance ; mais on ne peut douter que ſon origine ne fût obſcure, puiſqu'il le dit dans le texte que j'ai choiſi pour mon Epigraphe. Il fut conſacré à Dieu dans l'Abbaye de Saint Denis dès l'âge de dix ans ; car telle étoit l'abſurdité de ces ſiecles d'ignorance & de barbarie, qu'un ſacrifice que la maturité de la raiſon ne peut ſoutenir ſans une vocation ſurnaturelle, étoit abandonné, dans un âge incapable de volonté, au faux zele, aux caprices, à l'ambition, quelquefois aux reſſources de l'indigence de parens aveugles ou injuſtes. Les Hiſtoriens nous ont conſervé la forme de ces conſécrations. « Les peres pouvoient offrir » leurs enfans en bas-âge, pour être reçus dans le Monaſ- » tere. Ils faiſoient pour eux la promeſſe, qu'ils enve- » loppoient dans la palle ou nappe de l'autel, avec leur » offrande & la main de l'enfant. Ils ne pouvoient lui rien » donner, mais ſeulement au Monaſtere..... ». Quelqu'abſurde que fût cet abus, par une de ces contradictions ſi communes dans les établiſſemens humains, on le trouve autoriſé expreſſément dans la regle de Saint Benoît qui exigeoit de ſi longues & de ſi dures épreuves de ceux qui

se confacroient à la vie religieufe dans un âge plus avancé. *Voyez l'Hiftoire Eccléfiaftique de l'Abbé de Fleury*, tome VII, liv. 32, n°. 19.

(2) Suger a bâti l'Eglife de Saint Denis telle qu'on la voit aujourd'hui, à l'exception du portail & des deux groffes tours, reftes de l'ancienne Eglife bâtie par Pepin & par Charlemagne. Au-deffus de la tombe de pierre qui renferme les os de ce Miniftre, fe trouve aujourd'hui une table de marbre avec une infcription très-détaillée; mais cette Epitaphe eft moderne; la tombe elle-même n'a aucun ornement ni d'autre infcription que ces mots qu'on lit fur le rebord de la pierre qui couvre le monument : *Ci gît l'Abbé S U G E R.*

(3) « Nos Rois ont recouvré, fous la troifieme Race, » l'autorité qui étoit prefque anéantie fur la fin de la » deuxieme. Il eft vrai que c'eft à cette diminution d'au- » torité que Hugues Capet fut redevable du changement » qui fe fit en fa faveur, à l'exclufion des héritiers légi- » times; mais dès qu'une fois il fut devenu le maître, lui » & fes fucceffeurs, animés du même efprit, & par une » fuite de prudence dont ils ne s'écarterent jamais, re- » gagnerent infenfiblement tout ce qui avoit été ufurpé » par les Seigneurs, ne firent pas une démarche qui ne » tendît à ce but, & fe reffaifirent enfin des plus précieux » droits de la Couronne ». *Abrégé Chronologique de M. le Préfident Haynault, au commencement de la troifieme Race.*

(4) La queftion des inveftitures entre les Papes & les Empereurs. *Voyez n°. 20, fon objet & le tableau abrégé des maux qu'elle occafionna.*

(5) Philippe Ier. ayant répudié Berthe fille du Comte

de Hollande, dont il avoit plufieurs enfans, pour époufer Bertrade de Montfort, qu'il avoit enlevée au Comte d'Anjou fon mari, fut excommunié par Urbain I I. Il efpéra, après la mort du Comte d'Anjou, faire approuver, par le Pontife, fon mariage avec Bertrade; mais il fut excommunié de nouveau au Concile de Clermont, en 1095.

(6) L'élévation de Hugues Capet au trône avoit contribué à l'indépendance des grands Vaffaux. J'en vais rapporter, d'après Suger, une preuve remarquable. Eudes de Montmorency, Comte de Corbeil, partant pour combattre Louis VI, confoloit ainfi la Comteffe fon époufe: « Comteffe, donnez-moi mon épée avec joie. C'eft un » Comte qui la reçoit de vous, ce fera un Roi qui vous la » rendra aujourdhui »: *Præbe, nobilis Comteffa, nobili Comiti fplendidum enfem ætabunda, quia qui Comes à te recipit, Rex hodie tibi reddet.* Le Comte périt dans cette journée. Suger, *in Vitâ Ludovici Groffi.*

Pour fe former une idée de la fureur des guerres privées que les Seigneurs fe faifoient, & de l'excès de dégradation dans lequel l'autorité royale étoit tombée, il fuffit de fe rappeller la Loi qui fut faite en 1041, appellée *la treve du Seigneur*, par laquelle il étoit défendu de fe battre depuis le mercredi au foir jufqu'au lundi de chaque femaine. Ainfi la Loi toléroit que les fujets du Roi s'égorgeaffent pendant trois jours fur fept. (*Voyez l'Abrégé Chronologique de M. le Préfident Haynault, à cette époque*); encore cet établiffement n'eut-il pas d'exécution. Les Ordonnances du Louvre nous apprennent qu'en 1303, Philippe-le-Bel n'ofoit défendre les guerres privées que

pendant la guerre royale. Ce Prince rendit la défense
générale en 1311 ; mais Philippe de Valois fut obligé, en
1330, de la lever pour le Duché d'Aquitaine. Une Ordonnance de cette année permet les guerres privées, pourvu
qu'elles soient déclarées authentiquement.

(7) Louis VI, dit *le Gros*, fut associé à l'Empire par
Philippe Ier. son pere, en 1103 ; mais il ne fut sacré
qu'après la mort de Philippe. Le Roi Robert & Henri Ier.
l'avoient été du vivant de leur prédécesseur, & Louis VI
usa encore de cette précaution en faveur de Louis VII.
Histoire du Pere Daniel.

Ces Princes suivoient en cela l'usage des Rois de la
seconde Race. Il n'en avoit pas été ainsi sous la premiere ;
le trône étoit presque toujours partagé ; mais le droit de
succéder n'exigeoit aucune précaution.

(8) *Nobilis Comtessa cum filio aliquando, licet tardè &*
insufficienter, prout poterat, ulcisci nitebatur; numquam
tamen vix à Puteolo à mellibus octo vel decem appropin-
quabat. . . . . . Cùm ergo Comes præfatus Theobaldus per se
parum, per Regem multum proficere in Hugonem prætenderet,
cum nobilissimâ matre quæ semper Regi servierat ad eum
accelerat; ut opituletur multis precibus pulsat. . . .Memorare,
inquit, Domine Rex, sicut decet regiam majestatem, oppro-
brii & dedecoris quod avus Hugonis patri tuo Philippo fœdus
parjurio intulit, eumque multas illatas injurias ulcisci unitem-
tem à Puteolo turpiter repulit, fastu næquissimæ consanguini-
tatis; exercitum usque aurelianum fugavit, Captum Concitem-
Nivernensem, Lancelium Baugeciasensem, milites penè cen-
tum, &, quod hactenùs inauditum erat, Episcopos quoque
carcere deshonestavit. . . . . . Quod si nec suas, nec bene

meritorum ulcifci vellet injurias, Ecclefiarum oppreffiones,
pauperum deprædationes, viduarum & pupillarum impiif-
fimas vexationes, quibus terram fanctorum, & terræ incolas
dilapidabat, aut fuas faceret, aut removeret. Suger, *in Vitâ*
Ludovici Groffi.

(9) L'élection de l'Abbé Yves attaquée à Rome comme fimoniaque, divifoit les Religieux de Saint Denis en deux factions occupées à s'excommunier.

Ce n'étoit plus ces pieux folitaires confacrés au filence, à l'étude & à la priere, vivans du travail de leurs mains & des fruits de ces terreins immenfes défrichés par leurs foins, premiere fource de leur opulence, à l'abri de l'envie s'ils l'employoïent à fa deftination primitive. Ces richeffes deftinées au foulagement des pauvres, la faveur des Rois & des Seigneurs avoient introduit, dans les grands Monafteres, un luxe extrême, & tous les vices qui l'accompagnent. Auffi ce fiecle eft-il celui des établiffemens de nouveaux Ordres & des Réformes, parce que le relâchement des anciens étoit immenfe. *Les Moines avoient alors grande part aux affaires. Leurs maifons étoient l'école de la jeuneffe, comme l'habitation des Moines.* Abrégé Chronologique, Vie de Louis-le-Jeune.

(10) Les Abbés de Saint Denis avoient féance au Confeil, & même le droit de s'y faire fubftituer. C'eft à ce titre que Suger affifta au nom de l'Abbé Adam fucceffeur d'Yves, au Confeil où furent arrêtées les conditions du mariage de Louis VI avec la fille du Comte de Rochefort, qui fût déclaré nul au Concile de Troyes en 1104, pour caufe de parenté, ce qui

occafionna des guerres, & une ligue des Comtes de
Corbeil & de Mantes, des Seigneurs du Puifet, en
Beauce, de Coucy, de Monfort, de Mont-Lhéri, de
Rochefort, &c.

Suger affifta quelque temps après au Concile de Poitiers, où il foutint les privileges de fon Monaftere contre
l'Evêque de Paris. Il ne réuffit pas, & s'acquit cependant
l'eftime du Pape Pafcal II, préfent à ce Concile, au
point que ce Pontife vouloit l'emmener à Rome; mais
la mort de Philippe I*er*. & fa nomination & aux *Prévôtés*
de *Berneval* & de *Toury* lui donnoient alors d'autres
devoirs à remplir.

(11) Louis VI tint à Melun un Confeil, où fe trou-
verent grand nombre d'Archevêques, d'Evêques, de
Curés, de Moines, dont le Baron du Puifet, plus funefte
que les animaux carnaffiers, ruinoit les terres : *Quia
eorum terras lupo rapacior devorabat* ; le Roi ayant égard
à leurs fupplications & ne voulant néanmoins s'écarter
des regles établies par une poffeffion ancienne, *nihil in-
convenienter fufcipiens*, leur ordonna de fe retirer chez
eux, pendant qu'il inftruiroit le procès, & cependant
il chargea Suger de veiller dans fa Prévôté de Toury,
afin d'arrêter les ravages du Baron, & préferver, avec
le fecours de fes vaffaux & de fes ceux de la Prévôté,
le Château de Toury d'incendie : *remifit me Tauriacum
cui præeram in Belfâ, villam Sancti Dyonifii utilem &
fertilem, fed nullo modo munitam, præcipiens, ut dum
ipfe ad caufam fuper his vocaret, villæ providerem, homi-
num fuorum & noftrorum manu militari, pro poffe ful-*

cîtam ↄ & ne eam incendio diffolveret operam darem. Suger,
in Vitâ Ludovici groffi.

(12) Rien ne prouve mieux l'excès de dégradation
dans lequel l'autorité royale étoit tombée , que le fait
qui donna lieu à la révolte du Comte de Chartres.

Le Roi ayant fait rafer la fortereffe du Puifet , avoit
fortifié le Château de Toury. Le Comte de Chartres
en prit ombrage. Il conftruit de fon côté une fortereffe fur les terres du Baron du Puifet , quoique réunies
au Domaine par la confifcation. Ainfi le Roi ayant fub-
jugué un vaffal dangereux , en voyoit s'élever un autre
plus dangereux , parce qu'il étoit plus puiffant.

Ce fut ce qui engagea Louis VI à pardonner au
Baron du Puifet , pour l'oppofer au Comte de Chartres ;
mais ils fe réunirent peu de temps après pour faire la
guerre à leur Souverain.

Suger ménagea un accommodement , & crut avoir
déterminé le Comte de Chartres à fe foumettre. Il fe
chargea d'en porter lui-même la nouvelle au Roi. Ce
n'étoit qu'une feinte concertée entre le Comte & le
Baron, pour tirer Suger du Château de Toury. A fon retour
il trouve ce Château bloqué par les armées réunies du
Comte & du Baron ; il entreprend , fuivi d'un petit nombre de foldats affemblés à la hâte, de fe faire jour à
travers le camp ennemi , & y parvient. L'armée royale
qui arriva alors , força les révoltés de lever le fiege de
Toury ; mais elle fut repouffée avec perte quand elle
entreprit le fiege du Puifet.

Suger part pour Rome , & trouve à fon retour que le

Baron, après avoir obtenu, pour la seconde fois, son pardon de la bonté du Roi, continue ses vexations. Il forme le projet de le combattre seul; mais le Baron appelle les Anglois à son secours, & engage une troisieme guerre royale qui ne fut terminée que par le départ du Baron pour la Palestine.

(13) Ces machines étoient dignes de l'art grossier de ce siecle. Des charriots remplis d'épines seches, d'huile & autres matieres combustibles que Suger faisoit marcher devant l'armée, après y avoir mis le feu. Une pluie survient, le vent change, cette invention devient plus funeste aux troupes du Roi qu'à celles des ennemis. Cet événement fut pris pour un signe de la protection que le Ciel accordoit au Baron; le découragement se met dans l'armée; un Curé ranime l'espérance en montant le premier à l'assaut; Suger le soutient; une mine remplie des mêmes matieres que Suger fait parvenir jusques sous la tour du Château qui n'étoit que de bois, oblige enfin les ennemis d'abandonner cette place qu'ils ne peuvent plus défendre.

(14) Les Bénéfices ou Fiefs (car ces deux noms étoient synonymes dans l'origine), concédés aux Seigneurs, comme une récompense des fonctions civiles & militaires qu'ils exerçoient, étoient orginairement révocables à volonté. Ils parurent prendre plus de consistance par le traité d'Andlau, par lequel Childebert & Gontran convinrent de ne plus retirer les Bénéfices qu'ils auroient concédés aux Eglises & aux Leudes; mais ce traité n'eut pas d'exécution. Il fut renouvellé par un Capitulaire de Charles-le-Chauve, dans lequel ce Prince s'engagea à

he priver fans caufe aucun de fes féaux des honneurs qu'ils avoient mérités, & de l'autorité qu'il leur avoit confiée : *Volumus ut fideles noftri certiffimum teneant neminem cujuslibet ordinis ac dignitatis, noftro inconvenienti libitu, vel alterius calliditate, vel injuftâ cupiditate pro merito honore debere privari, nifi juftitiæ judicio & æquitate dictante.* Cap. tome 2, p. 6. Mais ce Capitulaire n'eut point d'exécution jufqu'à la célebre Ordonnance de Louis XI, en 1467. Il y avoit alors long temps que les Fiefs avoient changé de nature en devenant patrimoniaux par la tolérance des derniers defcendans de Charlemagne.

(15) La Tiare Pontificale n'étoit qu'un fimple bonnet. Le Pape *Hofmidas* y ajouta une couronne au commencement du fixieme fiecle ; *Boniface VIII* une feconde couronne à la fin du treizieme ; & *Jean XXII*, la troifieme vers l'an 1330.

(16) *Voyez* la Coutume de Troyes, titre premier, article 2, où l'on remarque la diftinction des *Bourgeois du Roi*, & des *Bourgeois des Seigneurs*.

Voyez auffi, pour l'étendue de la fervitude, les obfervations de M. le Préfident Bouhier, fur la Coutume de Bourgogne, tome 2, chap. 64.

Cet état remonte à l'époque même de la conquête des Gaules par les Francs ; car les deux nations avoient beaucoup de Serfs attachés à la culture des terres, *Cæfar, de Bello Gallico*, liv. 6, n. 13, *Tacite, de moribus Germanorum*, n. 24 & 25. On ne peut douter cependant qu'il n'exiftât, fous la premiere Race de nos Rois, des hommes libres, non compris dans les deux ordres

(45)

du *Clergé* & de la *Nobleſſe* ; mais les guerres perpétuelles
qui ſurvinrent entre les deſcendans de Clovis, multi-
plierent la ſervitude. C'étoit alors un droit de la guerre
que les priſonniers fuſſent réduits en eſclavage, *Eſprit
des Loix*, liv. 30, chap. 9. D'ailleurs la tyrannie des
Seigneurs avoit été portée à un tel excès depuis l'intro-
duction du gouvernement féodal, « que la qualité d'hom-
» mes libres étoit devenue à charge à une foule de citoyens,
» les uns vendirent, par déſeſpoir, leur liberté à des
» maîtres qui furent du moins intéreſſés à les faire ſub-
» ſiſter ; & d'autres qui s'étoient ſoumis, pour eux &
» pour leur poſtérité, à des devoirs ſerviles envers une
» Egliſe ou un Monaſtere, conſentirent, ſans peine,
» que leur dévotion devînt un titre d'eſclavage ».
M. *l'Abbé Mably*, *Obſervations ſur l'Hiſtoire de France*,
liv. 2, chap. premier.

« Les lettres de ſauve-garde ou de protection avoient
» été connues ſous les Rois Mérovingiens, (les formules
de Malculfe les prouvent, liv. premier, chap. 24),
» les premiers Carlovingiens en donnerent auſſi ; mais
» cet uſage ſe perdit ſans doute, quand leurs ſucceſſeurs
» n'eurent plus de conſidération & de crédit dans l'Etat ».
M. *l'Abbé Mably*, *ibid.* tome 2, liv. 4, chap. premier,
dans les Remarques, n. IV.

L'effet de l'affranchiſſement des Serfs & de l'établiſſement des communes fut que nos Rois prirent ſous
leur protection toutes les villes où la commune étoit
établie, « & avec raiſon (dit Ducange ſur le mot *Com-
» munia*), puiſque les habitans de ces villes, ſouſtraits
» par l'affranchiſſement à la domination de leurs Sei-

» gneurs, ne devoient plus d'obéiſſance qu'au Roi ». *Et reſtè cum eorum incolæ à dominorum Dominio abſoluti Regi parerent.*

« Louis VI donna aux (Serfs affranchis) le droit de » ſe choiſir un *Maître* & des Echevins. On vit alors » renaître l'ancien Gouvernement municipal des Cités » & des Bourgs … ». *Hiſtoire de l'Abbé Vély, au commencement de la troiſieme Race.*

(17) J'entends ici les aſſemblées de trois Etats, car les aſſemblées de la Nobleſſe & du Clergé étoient fréquentes depuis long temps. Mais les véritables *Etats-Généraux*, compoſés des Députés des trois Ordres, des Repréſentans de la Nation entiere, ne commencerent que ſous Philippe-le-Bel en 1302.

Ces aſſemblées ont eu trois objets principaux, d'aſſurer l'ordre invariable de la ſucceſſion à la Couronne, de s'oppoſer aux entrepriſes de la Cour de Rome, & plus communément le reſpect de nos Rois pour la propriété de leurs ſujets dans l'établiſſement des impôts : « mais jamais » (dit Paſquier) on ne fit aſſemblée générale des trois » Etats en cette forme, ſans accroître les Finances du » Roi, à la diminution de celles du peuple ». *Recherches de Paſquier*, liv. 10, chap. 7.

Les ſeuls Etats-Généraux vraiment tranquilles, & dans leſquels le vœu de la Nation ſe manifeſta dans toute ſa pureté, furent ceux que Charles VIII convoqua à Tours en 1484, par le conſeil de Madame de Beaujeu ſa ſœur. Ce Prince, dont le regne fut trop court, eſt un de ceux que la France a le plus regretté.

(18) Le Code Théodoſien avoit été ſous la premiere

Race de nos Rois , la Loi des Romains, c'eft-à-dire des Eccléfiaftiques & des Gaulois ; car chaque peuple avoit alors fa Loi particuliere ; mais ce recueil s'étoit perdu fur la fin de la feconde Race. On ne connoiffoit plus d'autres Loix que les ufages des feigneuries particulieres, ni d'autres moyens de défenfes que les épreuves & le combat qui s'ordonnoit avec l'appareil , & fuivant les regles expliquées par M. de Montefquieu , *Efprit des Loix*, liv. 28 , chap. 24. Le Serf étoit jugé par le Franc fous la domination duquel il fe trouvoit, il ne pouvoit forcer le noble à combattre ou à fubir les épreuves ; il fuccomboit donc néceffairement dans toute conteftation où il étoit Demandeur. A la vérité , l'Eglife prétendoit donner à fes Serfs le droit de combattre & faire admettre leur témoignage ; mais c'étoit un droit nouveau , une premiere dérogation à la Loi ancienne. La preuve réfulte du titre même qui l'établit, c'eft une chartre de Louis VI , de l'an 1118. *Voyez Beaumanoir, Affifes de Jérufalem*, chap. 334, pages 217 & 218 ; & *fur la Coutume de Beauvoifis*, chap. 39 , page 218 ; & D. Bouquet, *Recueil des anciens Hiftoriens de France*, tome 4, page 336.

(19) *Voyez* la note, n°. 1.

(20) Suger n'avoit pas trente ans, quand il fut choifi pour fuccéder à l'Abbé Adam. Il jouiffoit dès-lors de toute la confiance de Louis VI, & étoit chargé des affaires les plus importantes. Sur le luxe qui s'étoit introduit dans les grands Monafteres. *Voyez* le n°. 9.

« La converfion de l'Abbé Suger arriva dans le même » temps que celle de fon Evêque & de fon Métropolitain.

» Saint Bernard l'en félicita par une grande lettre, où
» il lui marque, avec une sainte liberté, le scandale
» qu'avoient causé à l'Eglise son faste & la vie toute sécu-
» liere qu'il avoit menée, ses habits somptueux, sa nom-
» breuse suite ; mais il le loue encore plus d'avoir réformé son
» Monastere tombé dans un grand relâchement, comme
» Abeilard s'en plaignoit à l'Abbé Adam prédécesseur
» de Suger ». *Voyez l'Histoire Ecclésiastique de l'Abbé de*
Fleury, tome XIV, liv. 67, n°. 51.

(21) « Les Moines copioient les livres (dit M. le
» Président Haynault), c'étoit leur fonction journaliere,
» & sans eux peut-être toutes les richesses de l'antiquité
» seroient perdues pour nous ». *Abrégé Chronologique à
la fin du regne de Louis-le-Jeune.*

(21 *bis*) D. Gervaise, dans la vie de *Suger*, prétend qu'il
exerça l'office de *Sénéchal* de la Cour, après la disgrace
des Garlandes. J'ai suivi cette opinion qui me paroît d'autant plus vraisemblable, que tous les Historiens attestent que
Suger jugeoit les causes des sujets du Roi ; d'abord dans
l'intérieur de l'Abbaye, ce qui y attiroit cette affluence
de monde & de femmes mêmes dont Saint Bernard
se plaint amérement, ensuite hors de l'enceinte du
Monastere.

« Depuis Hugues Capet (dit M. l'Abbé Mably) jusqu'à
» Philippe-Auguste, les Prévôts rendirent compte de
» leur administration au Sénéchal de la Cour, dont l'of-
» fice conféré en fief, donnoit, à celui qui en étoit
» pourvu, l'autorité la plus étendue sur tous les Do-
» maines du Roi. Le Sénéchal étoit une espece de
» Maire du Palais. Il s'étoit rendu suspect au Prince,
» &

» & Philippe-Augufte en fupprima l'office en 1191, ou,
» pour parler le langage du temps, ne conféra plus ce
» fief ». *Obfervations fur l'Hiftoire de France, tome II,
chap. 3, dans les Remarques, n°. 8.*

Ce n'étoit pas fans raifon que l'étendue du pouvoir du
Sénéchal de la Cour étoit devenue fufpecte; car ce fut cette
autorité exceffive qui occafionna la révolte de Guy de
Rochefort, dont j'ai parlé (n°. 10), & celle du Diacre
Etienne de Garlande, lorfqu'il fut deftitué par Louis VI,
à la follicitation de la Reine à laquelle il avoit man-
qué.

L'affranchiffement des ferfs, dont je parlerai n°. 24,
donna lieu au rétabliffement des *Miffi Dominici,* ou Commiffaires envoyés par le Roi dans les Provinces, pour veiller
fur la conduite des Officiers qui les gouvernoient. Ces
Commiffaires avoient été connus fous la premiere Race &
au commencement de la feconde; mais ils étoient devenus
inutiles depuis l'anéantiffement de la liberté du Peuple.
Ils porterent plus communément, depuis] l'affranchiffement des ferfs, le nom de *Baillifs* ou *Juges des Exempts.*
« Or, furent ainfi appellés à mon Jugement ces *Baillifs,*
» pour autant que de leur premiere origine étoient
» baillés & envoyés en diverfes Provinces par nos Rois,
» ou fans aucune obtention de lettres, *Baillifs,* comme
» confervateurs & gardiens du bien public contre les
» offenfes qu'il eût pu encourir de la part des Juges
» ordinaires ». *Pafquier, en fes Recherches, Liv. 11,
chap. 13.*

C'eft à ces *Baillifs* ou Commiffaires, que furent fubf-
tués par la fuite les quatre grands Bailliages de Sens,
Vermandois, Saint-Pierre-le-Moutier & Macon, pour

D

juger, à l'exclusion des Seigneurs, *les cas royaux*, c'est-à-
dire, suivant les termes de l'Ordonnance de 1315, *les
cas qui touchent la royale Majesté, & de droit, ou d'ancienne
coutume, doivent appartenir au souverain Prince & à nul
autre.*

(22) Le Monastere d'Argenteuil fut fondé dans le
septieme siecle, par un seigneur nommé *Germenric*, qui
le donna à l'Abbaye de Saint Denis.

Environ cent ans après, *Théodate*, fille de *Charlemagne*,
le demanda à l'Empereur son pere, comme un lieu abandonné par les Moines de Saint Denis. Cette Princesse y
fonda une Abbaye sous la direction de l'Evêque de Paris;
ce qui réveilla l'ambition *d'Hilduin* qui étoit alors tout-
puissant à la Cour. Il fut convenu par un traité revêtu
des Lettres de Louis-Debonnaire & de Lothaire son fils
associé à l'Empire, que le Monastere d'Argenteuil ren-
treroit sous la dépendance de l'Abbaye de Saint Denis,
après la mort de Théodate, ou même de son vivant, si le
Roi pourvoyoit cette Princesse d'une autre Abbaye. Les
guerres qui survinrent & l'irruption des Normands,
mirent obstacle à l'exécution de ce traité. Le Monastere
d'Argenteuil resta abandonné pour la seconde fois, pendant près de trois cens ans, jusqu'au regne de *Robert*,
fils de *Hugues Capet* qui le donna à *Adelais* sa mere,
par de nouvelles Lettres-Patentes, qui ne font aucune
mention de l'ancienne fondation. Cette Princesse rétablit
les bâtimens entiérement ruinés, ajouta de grands biens
à l'ancienne dotation, établit à Argenteuil jusqu'à cent
Religieuses sous la direction de l'Evêque de Paris; ce fut
comme une seconde fondation. Il y avoit près de cent ans
que l'Abbaye d'Argenteuil étoit en cet état, lorsque Suger

parvint à en chasser les Religieuses, alors sous la conduite d'*Eloïse*, & réunit les biens de ce Monastere à son Abbaye.

(23) Les erreurs reprochées à Abeilard, tenoient beaucoup des opinions d'Origene ; mais ce qui lui attira la haine des Moines, & sur-tout de ceux de Saint Denis, fut d'avoir trop évidemment raison dans la dissertation par laquelle il prouva la confusion que ces Religieux faisoient de Saint Denis l'Aréopagiste, avec le premier Evêque de Paris. Cette prétention doit son origine à *Hilduin*, Abbé de Saint Denis, si puissant sous le regne de Charlemagne. Abeilard lui opposa l'autorité de Grégoire de Tours, plus ancien que lui d'environ trois cens ans, qui ne place Saint Denis, premier Evêque de Paris, que sous l'Empire de *Dece*, vers l'an 250 de Jesus-Christ. Hilduin s'étoit fait à lui-même cette objection, & il n'y avoit répondu *qu'en taxant Grégoire de Tours de simplicité. His- toire Ecclésiastique de l'Abbé de Fleury*, tome X, *liv.* 46, n°. 50.

Lorsque Suger fut nommé à l'Abbaye de Saint Denis, Abeilard vint se jeter à ses pieds accompagné de l'Evêque de Meaux. Suger l'accueillit; mais il lui refusa la permission qu'il lui demandoit de continuer ses leçons hors du Monastere, jusqu'à ce qu'il y fût contraint par les ordres du Roi.

(24) L'Hérésiarque Eon étoit un Gentilhomme Breton, dont la folie consistoit à prétendre être celui qui doit juger les vivans & les morts. Son imagination s'étoit exaltée, & il s'étoit cru désigné par cette invocation des prieres de l'Eglise : *per eum qui venturus est judicare vivos &*

mortuos ; fes difciples lui attribuoient de prétendus miracles, ridicule imitation de ceux de J. C. Il fut con-
damné au Concile de Rheims, tenu par Eugene III en
1448; pendant l'abfence de Louis-le-Jeune. Les Edi-
eurs du nouveau Dictionnaire de Moréri prétendent qu'il
fut brûlé ; mais j'aime mieux croire avec D. Gervaife,
Vie de Suger, que le Régent le fit enfermer. Ce qui
eft certain, c'eft que trois de fes difciples furent brûlés
dans la place de Rheims.

Les *Albigeois* difciples de *Henri* & de *Pierre de Buys*,
auxquels fe joignit la fecte des *Pauvres de Lyon*, nommés
Vaudois de *Pierre Valdo* leur chef, commencerent
fous le regne de Louis VI.; mais ils demeurerent long-
temps cachés & n'exciterent pas alors de mouvemens
confidérables. Le plus ancien Concile qui les ait con-
damnés, eft celui de Touloufe en 1119. Leurs fureurs
éclaterent fous le regne de *Philippe Augufte* & de *Louis*
VIII, à l'occafion des prédications de *Pierre de Car-
caffonne*, Légat du Saint-Siege, de *Diego d'Ofma* &
de *Saint Dominique*. C'eft le commencement de l'*In-
quifition*, dont l'attachement de nos Magiftrats à l'ob-
fervation des Saints Canons & de l'ancienne difcipline
de l'Eglife qu'on nomme improprement *nos libertés*,
nous a préfervés, non fans les fecouffes les plus vio-
lentes, témoin le maffacre des *Vaudois*, retirés dans
les plaines de *Mérindol* & de *Cabrieres*, en exécution
d'un Edit furpris à *François I*er. en 1535, d'un Arrêt
du Parlement de Provence, du 18 Novembre 1540,
& de plufieurs autres poftérieurs. La dame de Cental,
dont les villages & Châteaux avoient été brûlés & fac-

eagés., en ayant demandé juſtice à François Iᵉʳ. il renvoya
le Jugement de cette grande cauſe au Parlement de
Paris, où le Premier Préſident d'*Oppede*, & l'Avocat-
Général du Parlement Provence *Guérin*, furent traduits;
d'*Oppede* obtint ſon renvoi de l'accuſation ; mais *Guérin*
qui avoit commandé en perſonne l'exécution, & qui fut
d'ailleurs convaincu de faux, eut la tête tranchée en
place de Greve. La violence eſt un mauvais moyen
de propager la vérité. C'eſt cette ſecte des *Albigeois*
& des *Vaudois* qui, ranimée par *Luther* & *Calvin*, flétrit
le ſeizieme ſiecle, par les horreurs commiſes de part
& d'autre.

(25) Lorſque l'Egliſe naiſſante luttoit contre toutes
les puiſſances de la terre, & triomphoit de l'incrédu-
lité, par la force de la parole de Dieu, l'aſſemblée des
Fideles unie ſous la conduite des premiers Paſteurs,
pouvoit ſeule choiſir des ſucceſſeurs aux Apôtres & former
cette ſuite de Dépoſitaires de la Foi qui atteſte la vérité
Evangélique. Mais quand le Chriſtianiſme fut devenu
la Religion de l'Etat, & joignit au caractere divin qui
conſtitue ſon eſſence, celui de l'inſtitution la plus utile
au maintien de la tranquillité publique, le concert néceſ-
ſaire entre deux puiſſances qui ont un droit égal à notre
ſoumiſſion, exigeoit qu'elles concouruſſent dans le choix
des premiers Miniſtres de l'Egliſe. Les Empereurs Grecs,
tous les Princes Chrétiens jouirent de ce droit, juſqu'à
l'époque qui éleva le Moine Hildebrang ſurnommé
Grégoire VII, ſur le Trône Pontifical.

Ce Pontife entreprit de réaliſer des prétentions que
l'ambition de Pépin & de Charlemagne avoit trop fa-

vorifées. Depuis l'anathême dont il ofa frapper l'Empereur Henri IV , l'Hiftoire de l'Allemagne & de l'Italie
ne nous offre qu'un horrible théatre de vexations & de
guerres fanglantes ; Henri IV chaffé du Trône Impérial
par fes enfans , demandant vengeance au Ciel ; Henri
V excommunié par les Papes, pour la même caufe des
inveftitures des Evêchés , que ces Princes donnoient par
la croffe & l'anneau, felon l'ufage ancien ; les Pontifes
Romains affiégés dans Rome & chaffés de leurs Sieges,
Pafcal II, conftitué prifonnier, abandonnant par force
des prétentions qu'il n'étoit pas en état de défendre ,
le faifant enfuite relever, par un Concile, des fermens
qu'il avoit prêtés à la vue de nos faints Myfteres ; Calixte
II terminant enfin ces guerres par un traité dans lequel
l'Empereur facrifia une vaine formalité, pour conferver
l'effence de fon droit. Les Papes effayerent d'engager la
France dans cette querelle fous les regnes de Louis VI
& de Louis VII ; mais les confeils de Suger la maintin-
rent en paix. Bientôt les Elections elles-mêmes furent
attaquées par les Papes, ce qui donna lieu, trois cens
ans après, au célebre réglement, nommé *la Pragma-
rique Sanction*, dreffé par les Evêques du royaume, en
conformité des décrets du Concile de Bafle. Ainfi la
querelle fe renouvella fous un autre nom, & ne fut
terminée que par le Concordat paffé entre François I.er
& Léon X ; les annates furent la condition fecrette
de l'abandon que le Pape fit au Roi de fes prétentions ,
car il n'en eft pas parlé dans ce traité ; « mais elles
» furent établies par une Bulle qui le fuivit de près,
» laquelle autorifoit la poffeffion où les Papes s'étoient

>> mis de ce droit depuis l'an 1316. Ainsi le Pape ne
>> donna au Roi, par le Concordat, que ce qui lui ap-
>> partient; au lieu que, par la Bulle, les Papes ont
>> gagné ce qui ne leur appartenoit pas >>. *Abregé
Chronologique de M. le Préfident Haynault, dans les
remarques à la fin de l'Hiftoire de la troifieme Race.*

(26) Rappellons cette maxime précieufe de nos libertés,
dont le difcours que je mets ici dans la bouche de
Suger, exprime le fens: *le Pape n'a aucune jurifdiction
fur le temporel de nos Rois, & il n'eft pas en fon pouvoir
de délier les fujets du Roi du ferment de fidélité qu'ils
lui ont prêté.*

L'Empereur ayant fait la paix avec le Pape, avoit
levé une armée formidable de Lorrains, d'Allemands,
& de Saxons, à la tête defquels il s'approchoit de la
ville de Rheims réfolu de la détruire, & de laver, dans
le fang des habitans, l'affront qu'il avoit reçu dans les
murs de cette ville; mais les forces de la France réunies
lui parurent fi formidables, qu'il n'ofa fe commettre
contr'elles. « On peut remarquer à cette occafion (dit
>> l'Abbé de Vély [*]), la différence qu'il y avoit entre
>> les forces du royaume & celles du Roi. Lorfque le
>> Monarque faifoit la guerre pour fes intérêts particu-
>> liers, il n'avoit d'autres troupes que celles qu'il pou-
>> voit raffembler dans fon Domaine; mais quand il
>> s'agiffoit de la caufe commune, toutes les querelles
>> ceffoient; chacun couroit aux armes, & tous les
>> Feudataires marchoient avec plus ou moins d'hommes

____

[*] Regne de Louis VI.

(56)

>> felon l'étendue & la dignité de leurs Fiefs >>. Au moins ils le devoient, mais ils y manquoient fouvent. *Voyez les Ordonnances du Louvre.*

(27) Saint Bernard naquit en 1091 , il avoit parconféquent dix ans de moins que Suger. Il étoit fils de *Tiercelin* & d'*Aiix* ou *Alette de Mombard*, d'une famille noble de la province de Bourgogne. Il fut inftruit dans les Lettres humaines par ceux qui les enfeignoient alors dans l'Eglife de Chatillon-fur-Seine. Ayant quitté le monde à l'âge de vingt-trois ans pour fe retirer dans les déferts de Cifteaux, il fut choifi peu de tems après, pour être le, premier Abbé d'une feconde branche de la réforme que Saint Robert projettoit d'etablir à Clervaux. Ses progrès furent fi rapides qu'il fonda , en moins de quarante ans, jufqu'à cent foixante Monafteres enrichis des dons qu'il avoit recueillis. Le Pape Eugene III, avoit été fon difciple. S'il parut favorifer les prétentions de la Cour de Rome, ce fut l'effet des préjugés de fon fiecle , & l'on doit croire d'un homme fi juftement célebre par fes lumieres & par fes vertus, que s'il fut né dans le nôtre, il fe fût conformé dans la théorie & dans la pratique à ces maximes faintes & lumineufes qui ont fixé à jamais, d'après les regles de l'Evangile , les limites des deux puiffances. Quant à l'auftérité de fa réforme qui eft la même que celle de Saint Robert, il fuffit d'obferver que la réforme de la Trape en eft le rétabliffement.

(18) Les divorces étoient prefque toujours caufe de guerres fanglantes. Comment n'euffent-ils pas été fréquents? La loi de l'Eglife défendoit alors les mariages

Jufqu'au feptieme degré de parenté, fuivant la maniere de compter du droit canonique, double de celle du droit civil, & l'on ne connoiffoit d'autre genre de preuves pour établir la parenté que la dépofition de témoins, trop fouvent corrompus, lorfque l'ennui, le dégoût, de nouvelles affections infpiroient aux hommes puiffans le defir de contracter un nouvel engagement.

Le Comte de Vermandois très-proche parent du Roi, étoit devenu amoureux de Pétronille d'Acquitaine fœur de la Reine. Pour être en état d'époufer cette Princeffe, il avoit fait annuller par une affemblée d'Evêques, pour caufe de parenté, fon mariage avec la fille du Comte de Champagne. Le Pape infirma la Sentence, ordonna au Comte de Vermandois de reprendre fa premiere femme; fur fon refus, il l'excommunia, & mit fes états en interdit. Louis excité par la Reine Eléonore, prit le parti du Comte de Vermandois; tel fut le fujet de la guerre qui occafionna l'incendie de Vitri.

(29) *Et ideo, Domine mi Rex, amicaliter moneo vos, & fideliter confulo vobis, ut citius ab hac malitiâ defiftatis, fi forte jam ferire parantis Dei manum, Ninivitæ Regis exemplo, penitentiâ & humilitate prævenire poffitis. Sancti Bernardi Epiftolæ Hiftoricæ.* Dans le Recueil de Duchefne, tome IV, page 452, Epître VI.

(30) Le parti de déclarer la guerre aux Chrétiens avant de la faire aux infideles, & de commencer par s'emparer de Conftantinople, fut propofé par l'Evêque de Langres; mais il fut regetté dans le Confeil. La Juftice prévalut cette fois fus l'intérêt de la conquête.

Ce parti eût sauvé l'armée ; la perfidie des Grecs, dans la première Croisade, sembloit en quelque sorte le justifier.

(31) Les femmes envoyoient des quenouilles aux hommes qui ne se croisoient pas, « à peine (dit Mézeray) » resta-t-il un homme pour dix femmes ». Mézeray, Vie de Louis-le-Jeune.

(32) Voilà, dit Saint Bernard (en montrant Suger & le Comté de Nevers), *deux glaives, & c'est assez*. Le Comte de Nevers avoit fait vœu d'entrer dans l'ordre des Chartreux, & l'exécuta avant même que l'assemblé se séparât. Le Comté de Vermandois lui fut substitué ; mais il n'eut que le commandement des armées sous l'autorité du Régent.

(33) Le passage du Méandre dans un guai très-difficile, en présence de l'armée ennemie eût eu autant de célébrité que le passage du Rhin, ou celui du Granique, si les Poëtes & les Ecrivains de ce siecle eussent été comparables à ceux qui célébrerent les exploits de Louis XIV & d'Alexandre ; on frappa quelques médailles pour conserver la mémoire de cet événement.

L'Histoire nous représente Louis VII, dont l'armée avoit été coupée, enveloppé par les Sarrasins, ayant vu tomber tous ceux qui combattoient à ses côtés, gagnant une roche escarpée & un arbre que le hasard lui offrit, soutenant l'effort des ennemis par des exploits semblables à ceux d'*Horatius Coclès*, forçant enfin les Sarrasins à la retraite.

(34) Je ne peux m'empêcher de rappeller ici la réflexion judicieuse d'un Auteur célebre.

« Je me suis cent fois étonné (dit-il) comment
» Louis XII a pu mériter l'admirable nom de Pere du
» Peuple, puisqu'il s'est fait autant de levées sous son
» regne que sous celui des Princes qui l'ont suivi ou
» précédé. Je n'en ai trouvé d'autre cause que celles-ci:
» la premiere, qu'il n'exigeoit rien de ses sujets qu'il ne
» leur eut fait connoître le besoin qu'il en avoit; la
» deuxieme, qu'il se servoit de gens fidéles qui ména-
» geoient soigneusement ses finances, & qui ne les
» divertissoient point pour leur intérêt, ou leur plaisir;
» la troisieme, qu'il révoquoit les levées aussi-tôt que la
» nécessité étoit passée; que ne manquant jamais à la
» parole qu'il avoit donnée à ses peuples, il se conservoit
» leur affection & les trouvoit toujours disposés à l'assister
» de leurs biens ». *Le Pere Senault, en son Monarque,
traité VI, discours 5; Maniere d'étudier l'histoire, par
l'Abbé Langlet du Fresnoy, tome II, chapitre 29.*

Telle est la clef de la science des finances. Ce n'est
que pour tromper le peuple sur les contributions
qu'on exige de lui, qu'on est parvenu, dans des temps
malheureux, à faire de cette science un labyrinthe. Cet
art funeste sera toujours rejetté avec mépris, de tout
Ministre dont le but sera le bien public & qui voudra
concilier à son Maître l'amour de la Nation.

(35) Le Comte de Dreux, frere du Roi, étoit le plus
ardent adversaire de Suger. Le Comte de Champagne
osa le provoquer au combat; mais Suger usa, pour
en empêcher l'effet, de l'autorité qu'il avoit pendant l'ab-
sence de Louis VII.

(36) Eléonore d'Aquitaine possédoit ce charme plus

précieux que la beauté, qui entraîne les cœurs, & ne
connoît pas de réſiſtance. Louis l'avoit éprouvé ; la
Reine l'avoit accompagné dans l'Orient ; mais des ſoupçons jaloux, peut-être trop fondés, troublerent le repos
de ce Prince. Eléonore ſe rappella au bout de treize
années, qu'elle étoit parente du Roi au degré prohibé.
On ne pouvoit caſſer ſon mariage ſans lui rendre l'héri-
tage de ſes peres, deux grandes Provinces [*] réunies
à la Couronne. Les ſuites pouvoient être plus funeſtes,
ſi Eléonore, comme il arriva en effet, apportoit cette
riche dot à un Vaſſal redoutable, à une Puiſſance rivale
de la France. Elle épouſa en ſecondes nôces Henri,
Comte d'Anjou & Duc de Normandie, déclaré ſucceſ-
ſeur du Roi d'Angleterre, ce qui rendit les Anglois
maîtres de près de moitié du Royaume, & occaſionna,
dans la ſuite ces guerres preſque continuelles, ſi funeſtes
à la France. Suger avoit prévu ce malheur. Inſtruit par
les Lettres du Roi, de ſes ſoupçons, il étoit parvenu à en
arrêter l'effet. Quelques Auteurs prétendent qu'il ap-
prouva enfin le divorce du Roi ; mais j'ai préféré le ſen-
timent de l'Abbé Vély & de M. le Préſident Haynault.
En effet, le Concile de Baugency qui déclara nul le
mariage de Louis VII avec Eléonore d'Aquitaine, ne
s'aſſembla qu'après la mort de Suger. *Voyez l'Hiſtoire de
l'Abbé Vély, regne de Louis VII ; & l'Abrégé Chronologique
de M. le Préſident Haynault.*

(27) Suger avoit-il véritablement deſſein d'exécuter
cet étrange projet. Il eſt difficile d'en douter, d'après

---

[*] La Guienne & le Poitou.

les démarches qu'il avoit faites, atteftées par tous les Hiftoriens. On le voit folliciter & obtenir les Bulles du Pape qui difpenfoient le Roi de fon vœu, & permettoient à l'Abbé de Saint Denis de l'acquitter en fa place; on le voit lever à fes frais une armée de douze mille hommes, faire tous les préparatifs de cette expédition, entreprendre, avant fon départ, un pélerinage à Saint Martin de Tours, au retour duquel il fut attaqué de la maladie qui l'enleva en peu de jours. Quoique la dévotion de ce fiecle pour les Croifades rende tout vrai-femblable, je n'ai cru cependant pouvoir donner de motif plus raifonnable à ce deffein, ni plus analogue à la conduite de Suger, que celui de fe dévouer pour la patrie, en accompliffant pour le Roi un vœu qui pouvoit avoir des fuites fi funeftes, & dont Eugene III preffoit néanmoins l'exécution. Suger mourut le 13 Janvier 1152; ainfi il avoit alors près de foixante-onze ans.

F I N.